Allitera Verlag

MICHAEL GROIẞMEIER, geboren am 21.2.1935 in München, lebt in Dachau. Lyriker und Erzähler. Zahlreiche Buchpublikationen: Lyrik, deutsches Haiku, Kurzprosa, autobiografischer Roman »Der Zögling«. Bürgermedaille der Großen Kreisstadt Dachau, Ehrengabe zur Förderung des Schrifttums, Verdienstkreuz am Bande des Verdienstordens der Bundesrepublik Deutschland, Bayerischer Poetentaler, Ehrengast der Deutschen Akademie Villa Massimo in Rom. Der literarische Vorlass befindet sich beim Literaturarchiv Monacensia der Landeshauptstadt München und im Stadtarchiv der Großen Kreisstadt Dachau.

Michael Groißmeier

Der Mensch, das dunkle Tier

Gedichte

Allitera Verlag

Weitere Informationen über den Verlag und sein Programm unter:
www.allitera.de

Januar 2020
Allitera Verlag
Ein Verlag der Buch&media GmbH, München

Umschlaggestaltung: Franziska Gumpp unter Verwendung eines eigenen Bildes

Herstellung: Books on Demand GmbH, Norderstedt
Printed in Germany · ISBN 978-3-96233-208-2

Für Margit und Andrea

Im Haus der dürftgen Blumen

Im Hause der dürftigen Blumen ...
Georg Heym

Mit Wiesenblumen schmückte
die Mutter Haus und Heim,
indes mir Jungen glückte
manch kindlich frommer Reim.

Schon früh las ich Gedichte.
Wie spornten sie mich an!
Seit damals weist das Schlichte
mir meines Lebens Bahn.

Wie gern hab ich nach Raden
und Feldmohn mich gebückt,
die oft auf stillen Pfaden
die Mutter hat gepflückt!

Im Haus der dürftgen Blumen
wie gern hab ich gewohnt!
Ich bet, mit ewgem Lumen
die Mutter ward belohnt!

Wir Kinder

Wir waren eigenartig ungeduldig,
als ahnten wir der Liebe Wunder,
an der wir waren noch nicht schuldig.
Wir färbten die Gesichter mit Holunder.

Das sah wie blutverschmiert aus. Wir erschreckten
die Eltern mit naiven Scherzen -
bis wir die Liebe, auch den Tod entdeckten,
der die Gesichter uns würd schwärzen.

Die Zeit

Die Mutter goldne Äpfel schält.
Georg Britting

Die Mutter goldne Äpfel schält.
Das Kind trägt um das Ohr die Schalen.
Noch hat die Zeit es nicht gequält.
Noch ahnt das Kind nichts von den Qualen,

die mit sich bringt die Zeit zuhauf,
den Pendelschlag nicht in den Nacken,
den Wettlauf mit des Zeigers Lauf,
den es verliert trotz aller Haken.

Andante

In unserm Himbeergarten,
zutiefst im Laub versteckt,
träumt ich als Kind von Fahrten
in Länder unentdeckt,

war sorglos, und ich ahnte
nichts von der letzten Fahrt.
Ich lauschte dem Andante
in mir, seltsamer Art.

Ein Schreiten war's, ganz leise,
in eine Zukunft wohlgestalt.
Wie endet wohl die Weise?
In der Fermate Halt!

Engel

Hab gebetet oft als Kind
zu dem Engel, der uns schützt.
Aber nichts hat es genützt!
Ist der Engel taub und blind

wie sein allgewaltger Herr,
der nur schweigt und niemals spricht?
Bis auch mir aufging ein Licht:
Engel sind des Herrn Gescherr!

Wie den Tag beginnen?

Den Tag, wie ihn beginnen?
Die Morgenröte loben?
Mir einen Vers ersinnen?
Mit einem Blick nach oben

den Himmel günstig stimmen?
Die Wolken mir besehen,
die fort als Segler schwimmen?
Ich werde in mich gehen,

erforschen mein Gewissen
und still das End bedenken!
Wird mich ein Gott vermissen,
mir neues Leben schenken?

Das Sein ist so verworren,
der Leib, ach, so verderblich!
Wie Gras wird er verdorren!
Das Leid nur ist unsterblich!

Die Dinge

Wie die Dinge meiner höhnen,
Tisch und Stuhl und Bett und Schrank:
Du mit deinem Wahren, Schönen,
Tod ist deines Gottes Dank!

Dir von Nutzen sind wir Dinge.
Doch was nutzt dein Bittgebet,
wenn dich rührt des Todes Schwinge!
Stets hast du umsonst gefleht!

Haben wir auch keine Seele,
fürchten keinen Gott wie du,
nützen wir dir noch als Stele,
legst du ab die Wanderschuh'!

Die Mitleidlosigkeit der Dinge

Wie blicken mich die Dinge an,
als sei ich wesenlos bereits!
Der Waschtisch und der Wasserhahn,
des Spiegels Flügel beiderseits.

Und was mich anstarrt aus dem Glas:
ein fast versunknes Augenpaar.
Die Stirn schon beinern, spitz die Nas'.
Ein harsches Schneefeld ist das Haar.

Wie sind die Dinge mitleidlos,
die mir zum Nutzen stets gedient!
Mir öffnet sich nicht Abrams Schoß!
Der Himmel scheint mir sternvermint!

Lob der Welt

Nicht glänzend sei mein Leben,
der Sterne Glanz genügt,
und auch des Windes Weben
zur Nacht, die niemals lügt!

Ja, mir genügen Seiten
mit edlen Versen schlicht!
Das sind die Seligkeiten,
die mir kein Himmel flicht!

Und wenn ein Geistesfunken
mir den Verstand erhellt,
dann bin ich freudetrunken
und lobe diese Welt!

Das Gedicht

Zur Heimat ward mir das Gedicht,
da sich die Welt um mich verlor.
Vom Feuerofenrauch geschwärzt das Licht,
des Geists Gefäß zerfraß das Chlor.

Zum Galgen ward der edle Baum,
und auch der Gott bleibt nebulös.
Entsagt hab ich des Edens Traum.
Der Vers nur kennt nicht Gut und Bös.

Flüchtiges Gedicht

Ich schreibe in die flüchtge Luft,
was flüchtger noch ist, ein Gedicht.
Ein Atemhauch, ein Rotweinduft
schon aus Burgund macht es zunicht.

Das Wort

... verloren ist kein Wort.
Joseph von Eichendorff

Verloren ist kein Wort,
solang der Dichter es bewahrt.
Er aber spinnt es fort,
ob jung er, ob bejahrt.

Der Dichter schreibt es auf,
daß niemand es vergißt.
Vergeht des Lebens Lauf,
das Wort unsterblich ist.

Hörst du die Traufe gehn,
in ihr das Wort wird laut.
Daß du es wirst verstehn,
der Dichter macht‘s vertraut.

Die Wörter I

Die Wörter stehn mir bei.
So bin ich nie allein.
Den Wörtern ich mich weih,
werd niemals einsam sein.

Wenn Wort an Wort sich fügt
zum Vers und zum Gedicht,
wenn alles um mich lügt,
ich zaudre, zage nicht.

Dem Weltgetöse fern,
hör ich ins Wort mich ein.
Am Himmel tönt kein Stern
als wie das Wort so rein!

Die Wörter II

In Gemeinschaft mit den Wörtern,
die wie treue Diener sind.
Hat man etwas zu erörtern,
unterwerfen sie sich blind.

Ja, die Wörter sind sehr fügsam,
widerborstig sind sie nie.
Mancher Dichter ist genügsam.
Doch sie nährn auch das Genie.

Heinrich Heine

An das Siechenbett gebunden,
schreib ich mein Gedicht.
Keiner hat zu mir gefunden,
nur ein Traumgesicht.

Ist es aus vergangnen Zeiten?
Lächelt es mir zu?
Will's als Einziges begleiten
mich zur ewgen Ruh?

Ach, wie schnell ist es entschwunden,
und ich lieg allein!
Bis ein Freund zu mir gefunden,
der nur aus Gebein.

Warum bevorzugt?

Die Heutgen schreiben nebulös.
Ich liebe Klarheit über alles.
Die Heutgen machen ein Getös,
gelingt ein Hauch nur eines Schalles.

Und was sie nennen ein Gedicht,
Ist nur erbrochenes Gewölle.
Und trotzdem wünsche ich sie nicht,
die Ignoranten, in die Hölle.

Am Hochmut aber leid ich nicht.
Ich kann auch nichts für meine Gaben.
Ich weiß auch nicht, warum mich Wicht
die Göttlichen bevorzugt haben.

Der Atem

Daß ihn kein Windhauch töte,
der Atem rettet sich
in eine Weidenflöte.

Es wandelt sich in Töne
der Atem wunderlich,
das Wahre preisend, Schöne.

Mein Tagwerk

Zuerst nehm ich die Geige
und spiel mir Herz und Finger warm.
Vor Bach ich mich verneige,
vor Bruckner und vor Mozarts Charme.

Dann such ich meine Feder
und kritzle eine Seite voll.
Zieh kräftig ich vom Leder,
find ich mein Verschen gar nicht toll.

Ich werd halt nie ein Goethe
und bleib mein Leben lang ein Wicht.
Kaum glüht die Abendröte,
gelingt mir spielend ein Gedicht.

Im Gedenken an meinen Freund und Lehrer Max Eham (1915–2008)

Die bittre Erde mir versüßt
Musik, die engelgleiche.
Ich hab die Zeit nicht eingebüßt,
wenn ich die Geige streiche.

Vielmehr vergesse ich die Zeit,
die bringt nur Ungemach.
Mir öffnet sich der Himmel weit
bei Mozart, Bruckner, Bach.

Ein stetes Vorbild aber ist
Max Eham mir für immer,
der große Kirchenkomponist.

Ich geigte mit im Hohen Dom –
noch heut durchströmt mein Zimmer
der Messen himmlisches Arom.

Das innere Hören

Da mir versagt den Dienst das Ohr,
beginnt das innre Hören.
Jetzt höre ich der Engel Chor,
nichts sonst will mich betören!

Jetzt höre ich verzückt den Klang
himmlischer Gamben, Geigen.
Jetzt bin ich Summton selbst, Gesang,
tanz mit im Sternenreigen.

Jetzt kreise ich im Weltenall
zusammen mit den Sternen,
bin selber Schall und Widerhall
äonenlanger Fernen.

Letztes Konzert

Du lauschst der Bachsonate.
Du hältst den Atem an.
Dann wird es still im Saale.
Man löscht die Kerzen aus.

Der Tod ist die Fermate.
Du hältst den Atem an.
Der Tod ist das Finale.
Du hauchst den Atem aus.

Mein Paukenherz

Es weiß mein Paukenherz,
ich sei ein Musikus,
vertraut mit Quart und Terz
und Quint, der Muse Kuß.

Wenn ich die Geige streich,
dann pocht mein Herz ganz leis,
als schlüg's im Himmelreich
zu einer Engelweis'.

Sing aber ich im Baß,
paukt's laut ans Rippenfell:
So tönt ein Rotweinfaß.
Zum Schluß wird's zum Schrapnell!

Das Segenszeichen

Das ist ein Sommertag
als wie von Gott geschaffen,
an dem der Tod nicht mag
ein Herz dahinzuraffen,

an dem Unsterblichkeit
aus Immortellen leuchtet,
der Tau der Ewigkeit
jedwedes Aug befeuchtet!

Der heitre Himmel strahlt
das Aug des Gottes wider.
Ein Segenszeichen malt
das Licht auf braune Glieder.

Sommermittag

Macht im milden, matten
Mittaglicht der Schatten
dich zur Tigerin,

daß ich, Unbedeckte,
Braune, Schöngefleckte,
wie verzaubert bin!

Trugbild, nie zu enden,
oh, an deine Lenden
schmiege ich mich hin!

Ach, wie ich mich härme:
Deines Tierleibs Wärme
ist mir nur geliehn!

Licht und Schatten enden,
die gefleckten Lenden,
Trugbild Tigerin!

Après-midi

Die Königskerzen flackern
im leichten Sommerwind.
Die Meisen emsig hacken
die Sonnenblumen blind.

Mit ausgehackten Augen
sie starren in das Licht.
Und die zu nichts mehr taugen,
der Tod verschmäht sie nicht.

Man zündet an die Kerzen
in einem Sterbehaus
für ausgelöschte Herzen.
Und auch die Königskerzen,
die Nacht, die löscht sie aus.

Rache für den Honig

... die Wabe des Lichts ...
Peter Huchel

Aus der Wabe des Lichts
tropft Honig, der himmelssüße.
Aber ich schmecke in ihm das Nichts,
für das ich auf Erden büße.

Aus der Wabe des Lichts
sticht der Stachel, der bittre,
für den Honig die Rache des Nichts,
vor dem ich schaudre, erzittre.

Schattenfänge

Vom Ahornschatten umgittert,
sitz ich im Käfig gefangen.
Mein Vogelherz flattert und zittert
und stößt an die Gitterstangen.

Das Mittaglicht zersplittert
am Gittergestänge.
Erst wenn es gewittert,
enden die Schattenfänge.

Der Faun

O Marmorgöttin, Buhlerin,
vom Ahornschatten schön gefleckt,
wie oft von dir geküßt, geneckt,
daß ich, der Faun, bezaubert bin!

Betrunken bin ich auch vom Wein,
den du kredenzt im steinern Krug,
daß aus dem Sinn mir kam mein Flug,
die Flügel wurden mir zu Stein.

Im Laubengang

Im Laubengang gefangen,
ein Tier, das Schatten fleckt.
Bin hin- und hergegangen,
der Ausgang mich erschreckt.

Mißtrau des Himmels Bläue
am End des Laubengangs.
Das Ungefähr ich scheue,
sich sicher seines Fangs.

Schmerz

Bei dräuendem Gewitter
die Wespen stechen wütend blind.
Den du erleiden mußt als Kind,
der erste Schmerz ist bitter.

Du wirst ihn überwinden.
Jedoch, den letzten Schmerz, wenn dich
ums Leben bringt des Todes Stich,
wirst du nicht bittrer finden!

Vor dem Gewitter, bukolisch

Sieh nur, wie die Schäfchen,
weiße Wölkchen, trinken,
auf die Knie sinken!
Wind hält noch ein Schläfchen.

Wie das Wolkenböckchen,
stößig wie die alte
Wolke, schwarzgeballte,
frißt vom Licht ein Bröckchen!

Rosa Abendröte.
Wetterleuchten. Blitze.
Milch tropft aus der Zitze.
Zweig spielt Hirtenflöte.

Erkenntnis beim Fallen

... das Alphabet der Blitze ...
Peter Huchel

Das Alphabet der Blitze,
auch ich werde es nicht erlernen!
Von meines Daseins Spitze
aber werde ich mich rasend schnell entfernen!

In den Abgrund werde ich stürzen
mit nie gekannter Schnelligkeit.
Das Fallen aber wird mir die Sinne würzen
mit nie gekannter Helligkeit,

so daß ich das Alphabet der Blitze
vielleicht doch noch erlerne
und Erkenntnis mir ins Gedächtnis ritze,
vielleicht auch noch das Alphabet der Sterne.

Die Feier der Erde

Gewölk, geweihter Rauch.
Sein Hochamt hält der Himmel.
Die Erde feiert auch
bei Glockenblumgebimmel.

Auch sie hält ab ihr Amt,
bescheidenere Messe,
in Weidensamensamt,
im Duft von Minze, Kresse.

Grüne Äpfel

Grüne Äpfel, Augen, blinde,
sehn mir in der Seele Grund.
Streichle ich des Baumes Rinde,
fühl ich mich mit ihm im Bund.

Noch zum Sterben werd ich taugen,
kündet mir sein Blättermund.
Grüne Äpfel, blinde Augen,
tun mir neues Leben kund.

Unter dem Apfelbaum

Der Schlaf mich übermannt,
der unterm Baum ich lieg,
in einen Traum gebannt,
in dem mir winkt kein Sieg.

Die Maske vorm Gesicht
der Sieger, wohlbekannt.
Ich hab ihn ins Gedicht
schon oft, wie oft verbannt!

Mir ist der Traum vergällt,
in dem ich unterlieg.
Der reife Apfel fällt,
mein Herz doch träumt vom Sieg.

Der Apfelbaum

Der altersschwache Apfelbaum –
sein Fällen ist beschlossen.
Träumt er schon seinen Todestraum?
Ich steh vor ihm verdrossen

und denk an meinen eignen Fall.
Was weis ich vor: Gedichte,
nichts anderes als Rauch und Schall,
geht mir mein Sein zunichte!

Wie ich beneidete den Baum,
als er noch reich an Früchten!
Mir bleibt, mich in den Todestraum,
ins bessre Sein zu flüchten!

Im Gras I

Wie gut es sich im Gras doch ruht!
Der Morgentau kühlt mir das Blut.
Ein Käfer rollt zur Kugel Aas,
nimmt unter meinem Rücken Maß.

Viel Kugeln wohl mein Fleisch ergibt,
wenn es der Wind zu Staub gesiebt,
ihn Regen näßt, ihn Sonne sengt,
der Staub mit Stroh und Dung sich mengt!

Im Gras II

Ich laß mich streicheln von den Halmen.
Mein Fleisch wird wandeln sich zu Gras.
Die Seele schon singt selig Psalmen.
Ich nehm schon jetzt an Halmen Maß.

Zu Gräsern wachsen mir die Haare.
Die Zunge wird zum Lattichblatt.
Wie Sand verrieseln mir die Jahre.
Wann findet meine Wandlung statt?

Zittergras

Zittergrases sanften Herzen
wird dein Herz sich zugesellen.
Nichts mehr, Grasherz, wird dich schmerzen,
auch kein Gott zutiefst in Zellen.

Wind nur, Grasherz, wird dich herzen,
und es wird in weichen Wellen
dich durchzittern heitres Scherzen.
Ist kein Gott, dir nachzustellen!

Am Bahndamm

Ich liege mit dem Rücken
am Damm im warmen Gras.
Wird mir die Fahrt wohl glücken?
Ich bang im Übermaß.

Ich wünscht, wenn ich verreise,
die Schienen beben schon,
daß mich begleite leise
der Glockenblumen Ton.

Mir wär‘s ein Trostgeläute,
das mir die Fahrt versüßt,
wenn ich das Hier und Heute
für was wohl eingebüßt!

Trau nicht den Dingen!

Die Häherfeder im Gras,
traue ihr nicht,
dem Scherben aus Glas,
in dem sich das Sonnenlicht bricht!

Sie wissen alles über dich,
die Dinge in ihrer Harmlosigkeit!
Ein Häherfederstrich
besiegelt deine Lebenszeit!

Der Scherben spiegelt dir vor,
wie schmerzlos das Handanlegen an sich selber sei.
Traue ihm nicht! Nichts hebt dich empor
in das Allerleirauch-Allerlei!

Tau

Tau liegt auf dem Gras.
Zeit ist‘s, heimzukehren.
Wer nimmt an uns Maß,
wann uns zu versehren?

Tau liegt auf dem Stein.
Wird er uns noch wärmen?
Zeit, bereit zu sein,
nicht mehr sich zu härmen.

Taufeucht ist die Luft.
Zeit ist‘s, heimzukehren
in die Bettengruft,
nicht mehr sich zu wehren.

Das himmlische Korn

Der Himmel wölbt zum Kornfeld sich.
Die Sterne reifen in den Ähren.
Ich höre schon des Halbmonds Strich,
der sich als Sichel mag bewähren.

Vom Himmel rieselt Sternenkorn,
Sternschnuppen, Samen für die Erde.
O daß es ginge nicht verlorn,
das Korn des Friedens keimen werde!

Föhrensprache

Ich hör mich in die Föhren ein,
in ihrer Nadeln Rieseln.
Das wird wohl Föhrensprache sein,
verständlich nur den Zieseln.

Versteh ich, Föhren, eure Sprach,
bin ich wohl nicht verloren,
werd ich vergessen schnell die Schmach,
zu sein als Mensch geboren!

Der Bläuling

Der Bläuling, fast nur Staub,
und hat doch eine Seele,
die ich unsterblich glaub
wie unsre! Ob ich fehle?

Seh den beseelten Staub
ich in die Luft entschweben,
so wird auch, wie ich glaub,
der unsre ewig leben!

Abendfalter

Gar nicht darf ich daran denken,
was mich alles überlebt:
Rosen, drin sich zu versenken,
bis die Seele mir entschwebt.

Mag sie mit den Düften schweben,
sichtbar nicht und kaum ein Hauch!
Alles wird mich überleben,
Gras und Kraut und Baum und Strauch.

Auch die sanften Abendfalter,
die umfächeln meine Stirn,
wundersame samtne Psalter,
glitzernd von der Sterne Firn.

Freude will mich überborden,
les ergriffen ich darin:
Und das Wort ist Fleisch geworden,
ahn, daß ich gerettet bin.

Nachtgefühl

Duft der Nachtviolen,
wundersam, fast edengleich.
Wann wird er mich holen
in sein vielversprochnes Reich?

Lieber möcht ich bleiben
hier beim Nachtviolenduft,
meine Verse schreiben
mit dem Finger in die Luft!

Auf das vielversprochne
Eden doch verzicht ich gern,
auf das vielgebrochne
Wort des erdenfernen Herrn!

Im Blutmeer

Der Mond in einem Blutmeer schwimmt.
Die Wolken blutger Wellenschaum.
Die Woge schwappt in meinen Traum,
in dem kein Fünkchen Hoffnung glimmt.

Längst zerbrach die Liegestatt.
Bis zum Mund das Blut der Shoah
seh ich keine Arche Noah,
die mich rette auf den Ararat!

Das Leben

Ich schnüre meine Schuh‘
und wandre in die Nacht.
Ich finde keine Ruh,
eh nicht das Ziel mir lacht.

Das Ziel? Der Weg ist‘s Ziel,
erreicht wohl irgendwann!
Das Leben ist ein Spiel,
das keiner je gewann!

Wandern in der Nacht

Wandern in beseelter Nacht.
Ach, wie sind die Sterne stad,
was auch mich verstummen macht
auf dem einsam fremden Pfad!

Ach, es ist zu schwach mein Ohr,
zu vernehmen Sterngetön,
Summen wie von einem Chor!
Ach, ich höre nur Gestöhn

aus den Siechenkammern, da
durch ein fremdes Dorf ich geh.
Ach, wie ist das Weh so nah,
dir und mir und auch dem Reh!

Wegwarte

Wer weiß, auf wen sie wartet,
auf dich, auf mich, auf irgendwen?
Ich bin ihr nachgeartet
und wart auf wen, noch nie gesehn!

Wer käme schon des Wegs herbei,
der ihrer Schlichtheit achtet!
Ich wart auf wen, wer es auch sei,
und sei's, der nach mir trachtet!

Schweigsam im August

Du mit stolzgeschwellter Brust,
sei des Sieges nicht so sicher!
Immer droht dir ein Verlust,
und du handelst zögerlicher.

Dir allmählich wird bewußt,
daß des Frohsinns Zeit zu Ende,
daß du jetzt verzichten mußt,
sich nichts mehr zum Guten wende.

Höher steigt in dir der Frust,
weil dir vieles nicht gelungen.
Schweigsam wirst du im August
wie am Baum die Blätterzungen.

Treuloser Sommer

Willst du dem Sommer trauen?
Günter Eich

Willst du dem Sommer trauen?
Willst du, von seinem Licht verführt,
auf seine Treue bauen?
Vertrauen ihm wohl nicht gebührt!

Er blendet uns mit Kerzen,
die königlich man lobend nennt,
indessen er die Herzen
des Zittergrases roh verbrennt.

Er macht die Rosen dorren,
versengt mit seiner Glut ihr Blatt.
Ich hör den Ruf verworren
des, der mich ausgespäht längst hat.

Mit der Erde eins

Sommersonnenwende.
Früher wird es Nacht.
Blumen blühn zu Ende.
Jetzt beginnt die Schlacht

blutger Gladiolen.
Dich auch trifft das Schwert.
Dem auf leisen Sohlen
bist du ‘s Sterben wert.

In des Windes Wehen
Duft Burgunderweins.
Bald wirst du dich sehen
mit der Erde eins.

Ende des Sommers

Nun bricht das Schwert entzwei
blutroter Gladiole.
Nun ist der Kampf vorbei,
des Sommers Gloriole.

Erschauern nicht im Wind
des Zittergrases Herzen?
Ich geh noch immer blind
vom Licht der Königskerzen,

das langsam nun erlischt.
Ich fühl mein Herz erzittern,
weil sich die Süße mischt
des Sommers mit dem Bittern

des Herbstes, mit dem Ruch
der aufgebrochnen Scholle,
weil mit der Segensspruch
weist zu des Saatkorns Rolle.

Sein Ebenbild?

Unwiederbringlich sind dahin
des Sommers lichte Tage.
Sich finden und sich wieder fliehn,
Entzücken, Jauchzen, Klage.

Wie leicht es sich zu leben schien!
Wie war die Zukunft vage!
Bald aber brennt am Sarg der Kien.
Doch ist vorbei die Plage?

Zu Angesicht bekommst du Ihn,
so geht die alte Sage.
Bist du sein Ebenbild? Schau hin!
Wenn nicht, erhebst du Klage?

Die Lichtchimäre

Wie weit der Sommer ist!
Gottfried Benn

Wie weit der Sommer ist,
die Lichtchimäre!
Wie schnell das Herz vergißt
den Mohn, die Ähre!

Der Sommer war ein Husch,
dahin wie Schatten.
Wie vogelleicht im Busch
war das Begatten!

Die Bräune auf der Haut
ist am Verblassen.
Bis du dich umgeschaut,
wird er dich fassen.

Behaucht er dein Gesicht,
wirst du erbleichen.
Von seiner Liste, Wicht,
wird er dich streichen!

Das Borgen

Die Quitte quillt wie Daphnes Brust.
Apollo späht in heißer Lust
nach ihr, im Lorbeerlaub verborgen.

Ach, Herz, wie du dich quälen mußt,
weil du den bitteren Verlust
schon ahnst, den du erleidest morgen!

Du wandeltest in Blüt und Blust
so herzensfroh und ohne Sorgen
und wußtest nicht, daß alle Lust
von allem Künftigen ein Borgen.

Lilien

Wie die Lilien kühlen
mir das heiße Blut!
Ob die Lilien fühlen
meinen kecken Mut?

Möchte überschäumen
oft vor Tatendrang.
Aber Lilien säumen
meine Wege, bang,

ich könnt s'Ziel verfehlen,
das ich mir gesetzt,
den verlornen Seelen
zugehörn zuletzt.

Genug an Wonne

Wie du bin ich vergänglich,
du wunderbare Lilie!
Wird mir darob auch bänglich,
ich halt bei dir Vigilie!

Es ist die ewge Sonne,
die wieder froh mich macht.
Das ist genug an Wonne,
verschmerzen läßt die Nacht!

Im September

Die Zwetschgen, blau behaucht,
wie Krüglein, wohlgebaucht,
gefüllt mit süßem Saft,
der gibt den Wespen Kraft,

eh sie vom frühen Frost
im Schlaf dahingerafft.
Mir schmeckt der Apfelsaft,
eh ich in Todes Haft.

Umsonst gekämpft

Der Kampf ist ausgefochten.
Das Gladiolenschwert zerbrach.
Wieviele Herzen pochten,
in die der Tod den Stachel stach!

Dir ist der Strick geflochten!
Siehst du des Baumes kahlen Ast?
Wir sind die Unterjochten
und tragen stumm des Lebens Last.

Hast du ihn ausgefochten,
den Kampf, wenn auch gedämpft,
bist unter Eingelochten
du einer, der umsonst gekämpft!

Herbst

Weinbekränzte Zeit!
Trügerischer Glanz!
Nicht ist es mehr weit
bis zum Blättertanz!

Ist des Jammers viel,
da der Sommer schwand!
Flügelschatten fiel
auf des Dichters Hand.

Alles wird zunicht,
alles, was er schreibt!
Nichts, ach, vom Gedicht,
keine Zeile bleibt!

In die Luft, scheint mir,
schreibt ein Schwalbenschwanz,
ich schreib auf Papier
heitren Totentanz.

Hagebutten

Aus der Heckenrose klug
scheint mir, spricht der Schöpfer,
formte als ein weiser Töpfer
Hagebutte zum gebauchten Krug.

Trägt der Heckenrosenstrauch
hundert Rotweinfäßchen,
scheint's mir wie ein Späßchen!
Oder irre ich mich auch?

Beim Wein

Mir scheint das Abendrot
wie Christi Seitenwunde.
Ein Stern salzt mir das Brot,
daß mir der Rotwein munde.

Ich spür den Lanzenstich
in meine linke Seite.
Der Himmel öffnet sich
ins unermeßlich Weite.

Der Weingott

Die Trauben uns zu hoch gehängt.
Uns nämlich fehlt die Himmelsleiter.
Wir sind der Fuchs, der Mäuse fängt.
Der Weingott ungerührt zecht weiter.

Uns keine Traube gönnt der Gott.
Er hat an uns wohl keine Freude.
Wir überhäufen ihn mit Spott.
Aus Rache schickt er uns die Räude.

Werde Wein!

Ist dir Trinken bitter, werde Wein.
Rainer Maria Rilke

Ist dir Trinken bitter,
werde Wein im Krug!
Wenn man ihn zerschlug,
werde Wein am Splitter!

Wer an ihm auch nippe,
netze seine Lippe!
Der von Bittrem wund,
stille seinen Mund!

Der bittere Tropfen

Ist dir bitter, trinke Wein!
Wird dir dann nicht bittrer sein?
Denn in jedem Glase Wein
wird ein Tropfen Bittres sein!

Rosensprache

Ich hör die Rose sprechen
in ihrer Sprache leis.
Ich werd sie mir nicht brechen,
die viel zu sagen weiß.

Ich bin wohl auserkoren
zum Dichter lobesam.
Kein Wort geht mir verloren,
das mir als Duft zu Munde kam.

Rote Rose

Ich nenne dich beim Namen: Rose.
Du blühst hinein ins Numinose.
Das duftet mir dein Glück
ins Irdische zurück.

Ich nenn dich glücklich, rote Rose.
Ich selbst leb in das Hoffnungslose.
Mir wird dein Dorn zum Glück,
den ich ins Herz mir drück.

Der Treue

Die späten Rosen welkten noch nicht ganz.
Stefan George

Die späten Rosen welkten noch nicht ganz.
Ein wenig Rot ist noch in ihren Blättern,
die fröhlich taumeln hin im Totentanz.
Was steht geschrieben mit des Laubes Lettern,

die mir der Herbstwind vor das Auge weht?
Wie muß ich gegen meine Blindheit wettern,
da mich die Sonne blendet, ihr Pamphlet
wider den Tod, den Treuen unter Rettern!

Immortellen

Lobe nicht die Immortellen,
sterblich sind auch sie wie du!
Keines kann sich so verstellen,
daß der Tod nicht schlüge zu!

Ach, ihr holden Blenderinnen,
gaukelnd vor Unsterblichkeit,
Morgennebel bald schon spinnen
euch ein zartes Totenkleid!

Astern

Astern, Blumen der Trauer,
dem Toten auf die Brust gelegt.
Ein Schluchzen und ein Tränenschauer,
ein Bachchoral, der dich bewegt.

Wie hilflos deine Trauer,
von welchem Gott dir auferlegt!
Im Schmerz erscheinen dir noch blauer
die Astern und der Himmel unbewegt.

Oktoberwolken

Oktoberwolken, Firne.
Das Eis der Ewigkeit
spür ich an meiner Stirne.
Ich fühl, nun ist es Zeit.

Die Gletscher auf der Erde,
schnell schmelzen sie mir hin,
indes Elias' Pferde
mich schon nach oben ziehn.

Ich zahl, dem Hier verloren,
wohl einen hohen Preis:
Bald bin ich eingefroren
in Edens ewgem Eis!

Ende Oktober

Die Vogelschwärme
nach Süden flüchten.
Noch hält sich Wärme
in allen Früchten –

wie ein Vermächtnis,
will es mir scheinen.
Zu wes Gedächtnis
drängt's mich zu weinen?

O hätt ich Flügel
zu fliehn den Schrecken,
des Grabes Hügel,
der mich wird decken!

Stare vor dem Abflug

Die Drähte summen.
Wer spricht von hier nach dort?
Wenn sie verstummen,
erstirbt auch Wort um Wort.

Verstummt die Masten.
Das Holz vibriert nicht mehr.
Die Stare rasten
vorm Flug auf Wiederkehr.

Warum sie säumen?
Ihr Schwatzen abschiedschwer.
Dann aber räumen
sie schnell den Himmel leer.

Das Ahornblatt I

Wem winkt das Ahornblatt,
fünffingrig – eine Hand?
Ich bin des Sommers satt,
der setzt mein Herz in Brand!

Die Jugend längst vorbei,
was soll mir neue Glut!
Jetzt fühle ich mich frei,
erkaltet mir das Blut!

Der mit der Ahornhand,
ich bin's wohl, dem er winkt.
Er weist mich in das Land,
in dem das Sein versinkt.

Das Ahornblatt II

Das abgelebte Ahornblatt,
wie heiter doch fällt es vom Zweig,
als sei es seines Daseins satt,
besessen drauf, daß es sich zeig

im wirren Torkeltanz im Wind,
wie froh es seines Endes sei,
begierig drauf, zu liegen lind
im Gras und frei der Sklaverei.

Das Traurigste, das Blatt es lehrt,
ist oft das Heiterste, so wie
die Seele, welche unversehrt
entflieht des Leibes Agonie.

Die Blätterschlacht

Fahnen von Scharlach ...
Georg Trakl

Des Ahorns Scharlachfahnen.
Nun hebt sie an, die Blätterschlacht.
Das Weinlaub an Altanen,
sich blutrot färbend über Nacht,

tropft wie aus offnen Wunden.
Und still verblutet Baum um Baum.
Mit Augen, mir verbunden,
tapp ich durch meines Lebens Traum.

Dem Laub sich zugesellen,
das will das Blatt in meiner Brust.
Des Tagundnachtsturms Schellen,
sie läuten ein die Fallenslust.

Beim Laubfall

Die Blätter fallen mit verneinender
Gebärde.
Rainer Maria Rilke

Was sie verneinen sollen,
die Blätter, weiß ich nicht.
Sie gleichen meinem Wollen,
noch will ich fallen nicht!

Die Blätter müssen fallen,
wenn Wind vom Zweig sie bricht.
Was nutzt das Fäusteballen,
wenn Er sein Urteil spricht!

Blättertreiben

Ein Kirschenrest, ein Blätterwehn ...
Georg von der Vring

Ein Kirschenrest, ein Blätterwehn.
Im Mund das Süße wird vergehn,
das Bittere wird bleiben
beim argen Blättertreiben.

Du wirst verstummt am Fenster stehn,
das wirre Blättertreiben sehn
und dir die Augen reiben:
Du siehst dein eignes Treiben.

Das Schandmal

Der Bach, sonst munter, ist versiegt.
Am Ufer offnen Auges liegt
ein Fisch, erstickt, mit offnem Maul.

Die Menschen aber gehn vorbei,
sie hörn nicht seinen stummen Schrei
und sehn nicht ihrer Schande Mal.

Ihr Gott das Geld! Ihr Gott der Baal!
Der Mensch im Innersten ist faul!
Hilf, Menschenfischer, uns, Sankt Paul!

Der Drache

Alles zielt nur auf eines ab ...
Anton Tschechow, Die Schalmei

Wir danken ihr nicht ihre Güte,
der Mutter Erde, die geduldig ist
mit uns, wie auch die Menschheit wüte,
die ihre Kindespflicht vergißt.

Wir achten nicht mehr unsre Brüder,
die Tiere, die auch Erdenkinder sind.
Mit ihnen wird der Umgang rüder,
und gegen ihre Schmerzen sind wir blind.

Die Wesen üben stille Rache.
Die Tiere, Pflanzen sterben aus.
Und auch die Menschheit frißt der Drache,
bis öde unser Erdenhaus.

Auf Erden selig sein!

Geboren bin ich nicht,
zu siegen, zu verlieren!
Ich will nur sein, das Licht
mit Pflanzen teilen, Tieren!

Nichts andres will ich sein
als Bruder Mitgeschöpfen!
Auf Erden selig sein,
dafür laß ich mich köpfen!

Regen

Der Regen tropft mir ins Gesicht.
Er ist des Paradieses Tau,
und wer ihn trinkt, den dürstet nicht,
ihn labt die Asphodelenau.

Die Menschentränen, je geweint,
die Sonne saugt sie liebend auf.
Geläutert und mit Tau vereint,
kehrn wieder sie in ewgem Lauf.

Hyazinthe

Dunkelblau wie Tinte
regennasse Nacht.
Duft der Hyazinthe,
der mich trunken macht.

An die Fensterscheibe
hauch ich mein Gedicht.
Was ich nimmer schreibe,
wird auch nicht zunicht.

Nachtgenossin bleibe,
Blume mir erlaucht!
An der Fensterscheibe
still mein Vers verhaucht.

Azaleen

Ich leid am Zeitvergehn.
Wie fühle ich mich schuldig!
Ich sehe, wie geduldig
die Azaleen am Fenster stehn
und ihrem End entgegensehn.
Ich hör die Regentraufe gehn.
Ich seh den Schnee im Föhn zergehn.
Ich fühl, der Tod wird ungeduldig.
Wär mutig ich wie Azaleen!

Eingeschneit

Wie konnt ich früher weit
durch Felder, Fluren gehen!
Jetzt bin ich eingeschneit,
allein mit Azaleen.

In Nächten stand ich gern
auf einem hohen Hügel,
besah mir Mond und Stern.
Jetzt hält mich fest am Zügel,

der mir das Gehen neidet,
das Wandern weit hinaus,
wo nicht die Seele leidet,
der bläst das Licht mir aus.

Eisblumenfenster

Am Fenster, Edens Garten,
zu Eis gefrorne Palmen.
Der Winterwind singt Psalmen.
Ich träum vom Süden, Fahrten

ins Land der Pomeranzen,
wo nicht Elias' Schimmel
emporträgt mich zum Himmel,
mit Erzengeln zu tanzen,

wo Trauben mich bekränzen,
wo ich, berauscht von Weinen,
mit modernden Gebeinen
mich dreh in Freudentänzen.

Winteridyll

Das Schwarz der Raben,
das Weiß der Fluren,
des Winters Farben.
Die Totenfuhren

auf Schlittenkufen.
Im Schnee die Spuren
von Pferdehufen.
Die Kirchturmuhren

sind eingefroren.
Die Glocken schweigen.
Wir sind verloren
im Flockenreigen.

Im Tanz uns drehend,
sind wir schon Tote.
Im Wind verwehend
des Teufels Pfote.

Die Göttlichen

Göttliche umarmen schnell.
Rainer Maria Rilke

Göttliche umarmen schnell.
Jedoch fürchte die Umarmung!
Zuneigung ist nicht ihr Quell,
Göttliche sind ohn Erbarmung!

Göttliche zerbrechen dich,
wenn sie scheinbar dich umarmen!
Göttliche ergötzen sich
an des Todesröchelns Carmen!

Die Götter

Wer nimmt den Pfeil uns aus der Brust,
den uns der Gott hohnlachend beute?
Die Götter töten uns aus Lust,
uns hetzend mit des Todes Meute:

mit Blattern, Cholera und Pest,
ergötzen sich an unsren Qualen,
bereiten uns das Totenfest,
das sie genießen, wir bezahlen.

Teilchen der Natur

Auch aus dem Froschgequak
die Gottheit weise spricht.
Geringstes ihr genügt.
Sie offenbart sich schlicht.

O holde Einfachheit,
die doch das Große ist!
Die Gottheit hat gefügt,
daß du ein Teilchen bist

des Wunders der Natur.
Die Gottheit spricht aus dir,
aus deinem Augenpaar,
aus deinem Mund zu mir.

Nach seinem Ebenbild
hat sie geschaffen dich.
Du bist ihr Fleisch, ihr Gras.
Erwart den Sensenstrich!

Das Licht

Ich liebe das göttliche Licht;
es erhellt uns die Erdentage,
und auch in der Ewigkeit erlischt es nicht,
es entschädigt uns für die Erdenplage.

Es ist das immerwährende Licht,
vor dem ich die Augen niederschlage,
vor dem ich, ein irdischer Wicht,
die Augen nicht aufzuschlagen wage.

Der Numinose

Ein Blätterschauer macht
mich frösteln in der Nacht.
Was hilft das Händeballen,
wie Blätter muß ich fallen!

Wenn's auch der Wind verweht,
kein Blatt verlorengeht.
Es kehrt zurück zur Erde.
Doch was aus mir einst werde,

ich aber weiß es nicht.
Schau ich sein Angesicht?
Werd ich ins Nichts verstoßen
von jenem Numinosen?

Vielleicht ist er nicht taub
und formt aus meinem Staub,
um nichts mehr zu bereuen,
sich einen ihm Getreuen.

Die Antwort

Was aber ist die Kraft,
die alles Leben schafft?
Ist sie die Übermacht,
von uns als Gott gedacht,
die alles Leben rafft
und wieder neu erschafft?
Die Antwort gibt die Nacht
mit ihrer Sterne Pracht!

Das irdische Paradies

Was klag ich nach dem Eden,
wenn mir das Paradies so nah –
vom Irdischen zu reden,
das mir, von welchem Gott?, geschah!

Daß endlich ist das Leben –
ein Glück; denn ewig ist so lang!
Mich in den Himmel heben
kann nur der Nachtigall Gesang!

Der Mensch, das dunkle Tier

… das dunkle Tier,
Der Mensch …
Georg Trakl

Der Mensch, das dunkle Tier,
dem Gott vor anderm Vieh
Verstand und Seel' verlieh,
daß er sich nicht verlier

im Sumpf des Unverstands,
nicht dumpfe Kröte sei,
nicht seinen Gott anspei,
nicht dünk sich gleichen Stands.

Opferstiere

Der irregeht, wer hofft.
Der Gott kennt keine Gnade.
Wir bitten ihn zu oft,
auch beten ist zu schade.

Gott ist sich selbst genug.
Wir sind nur seine Tiere,
die er in Ketten schlug.
Wir sind nur Opferstiere.

Bereit der Opferstein.
Wir selber danach trachten,
gefällig ihm zu sein,
für ihn uns selbst zu schlachten.

Sternenstille

Die wir uns überschätzen,
wir sind doch nichts als Staub!
Was wir zusammenschwätzen,
dagegen ist Gott taub.

Er aber liebt das Schweigen,
das niemals wir gelernt,
läßt Sterne Stille zeigen,
von der wir weit entfernt.

Den Leib wird er entkernen
von aller Eitelkeit.
Wir werden schweigen lernen
erst in der Ewigkeit.

Sternenstaub

Bild dir nichts ein, du bist
nur Staub von Sternen,
und wer dein Schöpfer ist,
wirst du noch lernen!

Denn rufst du, ist er taub!
Dir hilft kein Sträuben,
dich wiederum zu Staub
läßt er zerstäuben!

Wozu geboren?

Ist denn der Mensch dazu geboren,
als Staub durchs Weltenall zu kreisen?
Ist Gottes Ebenbild verloren?
Die Seele soll im All vereisen?

Der eingehauchte Geistesfunken,
soll er als Stern im All verglühen.
Die aus dem Born des Seins getrunken,
vergeblich ihr Bestreben, Mühen?

Aus unserm Staub, wird Gott noch wollen,
zu formen neue Erdenwesen,
die ihm jetzt endlich Achtung zollen,
und die er läßt vom Tod genesen?

Moloch

Wer stößt uns in das Erdenleben,
verurteilt uns zur Todesstrafe?
Wie nichtig ist doch unser Streben!
Zur Schlachtbank führt man uns wie Schafe!

Wer wird das Dunkel uns erhellen,
das in der Grube uns erwartet?
Wer lindert uns die wunden Stellen,
die nie verfauln wie abgekartet?

Warum löst sich vom Leib die Seele,
die nicht dem Staub Gesellschaft leiste?
Wer schüttet zu mit Lehm die Kehle,
daß sie sich nicht zum Schrei erdreiste?

Wir alle hoffen auf Genesung
von den uns aufgezwungnen Qualen.
Ist die Erlösung die Verwesung?
Zu Staub wird uns der Moloch mahlen!

Wer?

In unsre Wunden streut
das Salz der Sterne wer?
Wer schickt, der Leiden beut,
den Todesengel her?

Hat er es schon bereut,
zu schaffen Erde, Meer?
Wer ist es, der sich scheut,
sich uns zu zeigen, wer?

Wer ist es, den es reut,
sein Bild zu schaffen, wer?
Wer ist es, der sich freut,
zu sehn die Erde leer?

Leiden

Warum müssen Kinder leiden,
die doch ohne Sünden sind?
Was ist ihnen anzukreiden?
Ist ihr Schöpfer taub und blind?

Will er an dem Leid sich weiden?
War sein Sohn doch auch ein Kind!
Doch auch dieser mußte leiden
für das erbsündge Gesind!

Euer Traum von Gott

Ihr träumt von euerm Ebenbild,
das Gott ihr nennt bedenkenlos.
Was stellt ihr ihn euch vor so mild,
so gütig und so übergroß,

indessen ihr das Gegenteil!
Ihr seid so kriegerisch, so wild
wie in der Urzeit, habt den Pfeil
erfunden und das Schwert, den Schild!

Ihr träumt euch Gott, wie ihr es seid.
Hat Feueröfen Gott gebaut?
Stellt Gott euch vor im Häftlingskleid,
gestreift, dann habt ihr euch geschaut!

Gottes Ebenbild

Der Mensch sei Gottes Ebenbild?
Dann aber schaut er aus wie ich:
Die Nase eine Warze ziert,
die spitz ist wie ein Degenstich!

Wie ist doch meine Seele schwarz,
voll Streitlust und voll Rachegier!
Ist Gottes Seele ebenso,
und gab voll Arglist er sie mir?

Nur Erfindung?

Wir haben uns wohl Gott erdacht,
die Todesfurcht zu überwinden.
Wir brauchen eine höh'‘re Macht,
bei der wir Schutz und Tröstung finden.

Die Auferstehung - nur Erfindung?
Es ist der Tod des Lebens Preis,
und zu des Nichtseins Überwindung
erfanden wir das Paradeis.

Gott

Ich hör den Anruf Gottes nicht.
Hat er denn je gerufen?
In seinen Augen bin als Wicht
ich wohl nur einzustufen.

Warum nach seinem Ebenbild
hat er mich dann geschaffen?
Ich aber bin ihm wohl zu wild,
unähnlich nicht dem Affen.

Warum ließ er mich aufrecht gehn,
blies ein mir eine Seele?
Ich möcht an seiner Seite stehn!

Was soll ich denn vergeblich flehn!
Hat er nicht eine Kehle
wie ich, und Augen, mich zu sehn?

»G'tt«

Ich knie hin am Brunnenrand ...
Rudolf Hagelstange

Ich knie hin am Brunnenrand,
zu schöpfen mir der Sterne Kühle,
da ich hier noch kein Wasser fand,
das aus dem Mund das Wort mir spüle,

das mich bedrängt zu aller Zeit,
das einer ausspricht nur zum Spott,
ein andrer aus Vermessenheit,
das Wort, nicht auszusprechen: »G'tt«!

Das Wort Gott

Nein, nicht an Gott gedacht,
nur so gekritzelt hin
das Wort, das trunken macht,
doch die Gedanken fliehn!

Mir geht's nicht aus dem Sinn,
das Wort, dem einen Spott,
dem andern End, Beginn,
das Wort, das ewge: Gott!

Gottes Herde

Die Früchte klopfen an die Erde,
sie wollen eingelassen sein.
Auch ihnen macht das Stirb und Werde
ganz unverständlich Qual und Pein.

Die Menschenherzen schlagen schneller
und in den Adern pulst das Blut.
Im Rotdornbusch der Fallensteller
mit Augen voller Gier und Glut.

Die Früchte schlagen auf die Erde,
Einlaß begehrend, blindlings ein.
Gehorsam wir, des Gottes Herde,
uns drängen um den Opferstein.

In Gottes Hand

Ich bin nach langer Hatz
in meines Gottes Hand
gefangen wie ein Spatz.

Ich bitt ihn: Laß mich frei,
dann flög ich in das Land,
in dem kein Gott mehr sei,

der kleine Vögel fängt,
in seine Käfighand
sie zum Vergnügen zwängt!

Die Gnade der Sterblichkeit

Ich klage an! Ich klag ihn an,
den Gott der Unbarmherzigkeit!
Er hat das Sein uns angetan!

Ich preise. Ja, ich preise ihn,
den Gott auch der Barmherzigkeit,
für das Geschenk der Sterblichkeit.

Ob dieser Gnad sei ihm verziehn!

Er führt das Wort

Warum spricht er sie nicht,
die Sprache, uns verliehn.
Ich schreibe mein Gedicht
als der, der ich nicht bin.

Er führt das große Wort.
Er spricht es mir ins Ohr.
Ich schreib nur immerfort,
was er mir redet vor.

Sprache

Aus den Schalmeien der Winden,
aus der Kraniche Trompeten,
aus den Gamben der Quitten
ertönen Gottes Gedanken.

Mögen wir die Sprache finden,
zu ihm zu beten,
ihn zu bitten,
ihm zu danken!

Mögen wir lernen
zu sprechen in seiner Sprache,
die aufscheint in den Sternen,
die uns hilft zu überwinden
unsere Seelenbrache!

Gebet I

Du hast dein Antlitz, Herr,
uns ins Gesicht gekerbt,
hast uns in deiner Güt
Unsterblichkeit vererbt.

Wir alle hoffen, Herr,
daß du uns einst erweckst
und uns in deiner Güt
die Hand entgegenstreckst.

Gebet II

Auf daß sie mich nicht überwältigen,
die Pforten der Hölle,
mich mit meiner zwiespältigen,
von der Schlange ererbten Zunge!
Entwirre, Herr, das Gewölle
meiner Gebete!
Gib Atem meiner Lunge,
eh ich ertrinke in Lethe!

In der Kapelle

Der heilige Sebastian,
durchbohrt von sieben Pfeilen,
mir scheint, er blick mich bittend an,
ein wenig zu verweilen.

Sei es ein flüchtiges Gebet,
das seine Qualen lindert?
Ein Bittres bis zum Hals mir steht,
das mich am Beten hindert!

Leere

Und meine Gotteslieder singe ...
Else Lasker-Schüler

Und meine Gotteslieder singe
ich seit der Kinderzeit nicht mehr.
Ich rührte meine Vogelschwinge,
flog über Land, flog übers Meer,

sah unter mir das Land verbluten,
vom Blut die Meereswogen schäumen,
und wo ich mocht den Gott vermuten,
sah ich nur Leere in den Räumen.

An Gottes Statt

Jetzt triumphiert die Finsternis.
Jetzt herrscht die seelenlose Zeit.
Im Tempel längst der Vorhang riß.
Der Mensch hat sich mit Gott entzweit.

Der trauert um sein Ebenbild,
das schmählich ihn verraten hat.
Heb, Engel, auf aus Erz den Schild
und zieh das Schwert an Gottes Statt!

Ganz nah am Rotweinfässchen

Es war einmal ... Die Jugendzeit,
sie war ein trautes Märchen.
Noch war ich voller Munterkeit.
Nichts krümmte mir ein Härchen.

Die Hexe saß im Knusperhaus.
Sie konnte mich nicht kriegen.
Ich stach ihr beide Augen aus,
indes ich las im Liegen.

Als Schüler ahmte ich ihn nach:
Hans Dampf in allen Gassen.
Bis mir den Schalk der Lehrer brach,
er ließ nicht mit sich spaßen.

Jetzt bin ich alt, doch dann und wann
treib ich noch meine Späßchen
mit dem in mir, dem Knochenmann,
ganz nah am Rotweinfäßchen.

Leichter Atem

Leichter Atem
Iwan Bunin

Wie leicht auch unser Atem sei,
er wird sich in der Luft zerstreun,
als flög ein Schmetterling vorbei,
als würd er seinen Hauch bereun.

So leicht wie Duft der Akelei,
an dem die Falter sich erfreun,
der Jugend Atem, sorgenfrei,
er wird sich in der Luft zerstreun.

Im Alter atmest du dich frei,
den letzten Hauch mußt du nicht scheun!
Es werden andre, einerlei,
am leichten Atem sich erfreun!

Das Tier

Den leichten Atem wünscht ich mir
zurück der Jugend unbeschwert!
Jetzt liegt auf meiner Brust das Tier,
das Nacht für Nacht mir wiederkehrt.

Es drückt mir schier den Brustkorb ein,
so daß ich kaum mehr atmen kann!
O möcht es doch das Kätzchen sein,
das auf mir lag, mir jungem Mann!

Ich atme noch

Ich habe frohen Mut.
Es fließt durch meine Adern
noch leichten Sinns das Blut.
Ich brauche nicht zu hadern.

Ich atme voller Lust,
gehör nicht zu den Siechen.
Doch manchmal durch die Brust
spür ich das Alter kriechen,

den Wurm, den Scharlatan,
der nagt an meinem Herzen.
Und zündet man mir Kerzen an,
dann nur die Königskerzen!

Clown

Wer bin ich, der von Jahr zu Jahr
nicht weiser wird, nur alt und grau?
Ich bin so fröhlich, wie ich's war,
als ich noch jung, mich hielt für schlau.

Was soll mir diese Heiterkeit,
wenn mich der Hauch des Tods schon rührt!
Ich fürchte, in der Ewigkeit
manch Trauerspiel wird aufgeführt!

Da brauchen sie mich wohl als Clown,
der Selige zum Lachen bringt,
und Gott, als Griesgram anzuschaun,
vielleicht auch ihn zum Schmunzeln zwingt!

Auch ich

Auch ich gehöre zu den Dummen,
die sich nicht fürchten vor dem Aus.
Was soll ich denn schon jetzt verstummen,
da ich noch wohn im Erdenhaus!

Ich hör aus Trotz nicht auf zu reden,
zu lachen, wie es mir beliebt!
Die ewge Stummheit trifft jedweden
noch früh genug – zu Staub zersiebt!

Alte Photographie

Ich trag seit langen Jahren
sie in der Seitentasche.
Die einst lebendig waren,
wie lang sind sie schon Asche!

Ich trag sie nah am Herzen,
die einst so lieb mir waren.
Ich kann wohl viel verschmerzen,
doch nicht den Duft von Haaren,

von Haut und weichen Wangen,
von heiß entbrannten Lippen.
O welch Zurückverlangen,
das pocht an meine Rippen!

Ich Alter

Ich Alter hör von drüben
schon leise Harfenklänge.
Was soll mich noch betrüben,
hör ich der Seligen Gesänge!

Ich hör das Hosianna
von lichten Engelsstimmen.
Doch ich verzicht aufs Manna
für'n Honig irdscher Immen!

Das Spiel

Wir spielen weiter.
Rainer Maria Rilke

Wir spielen weiter
das Drama unsres Lebens.
Wir scheinen heiter,
die Heiterkeit doch ist vergebens!

Wir übertünchen unsre Tränen
mit naivem Lächeln.
Die wir zu spielen wähnen,
uns rührt das Flügelfächeln

des Todesengels schon die stolze Stirne,
die still erkaltet.
Das Spiel der menschlichen Gehirne
wird anderwärts gestaltet!

Betrogne Fracht

Ein jeder Tag ist ein Geschenk,
der Perle sich an Perle fügt.
Sei dessen immer eingedenk,
doch trau dem Schenker nicht, der trügt!

Er hält dir auch die Nacht bereit,
das glitzernde, das Sterngeschmeid,
das Perle sich an Perle reiht.
Doch fürchte ihn, der Götter Neid!

Es kommt der Tag, es kommt die Nacht,
da Perle sich um Perle löst,
da Charon dich, betrogne Fracht,
hinunter in den Hades flößt!

Danaergeschenk

Wie gern entflöge ich der Erde,
doch leider bin ich flügellahm,
seit über mich das Stirb und Werde,
so wie es über jeden kam.

Ich wär ihr gern ans Herz geflogen,
der Sonne, die ich gottgleich denk;
Sie hat mich magisch angezogen.
Doch Erde ward mir zum Geschenk.

Frieden in der Erde

Ein letzter Tag ist uns beschieden,
ein letzter Blick ins Tageslicht.
Dann schließt die Augen man in Frieden,
und sanfte Finsternis anbricht.

Kein leiser Lichtstrahl ihn erwecke
aus jenem vielgepriesnen Land,
und kein Posaunenschall ihn schrecke,
der in der Erde Frieden fand!

Der Bote der Nacht

... folge die schweigenden Stufen
abwärts dem Boten der Nacht.
Gottfried Benn

Folge die schweigenden Stufen
abwärts dem Boten der Nacht.
Folg ihm, der dich gerufen,
der über dich hat nun Macht!

Folg ihm, es wird dich nicht reuen,
er bietet dir ewige Ruh!
Er ist der Treueste der Treuen,

er will dich erfreuen,
dir bieten das Du!
Du mußt ihn nicht scheuen!

Tod und Verklärung

Wer wirft die Herbstzeitlosen,
uns Pfeile in die Brust?
Wer bebt vor Tötenslust?
Wer beut uns Tod, Almosen

für die nicht Göttergleichen?
Unsterblichkeit gebührt
nur Göttern! Ungerührt
gehn Götter über Leichen.

Die sanfte Herbstzeitlose
mißbraucht als Todespfeil.
Uns bleibt die Brust nicht heil.
Uns blüht der Wunde Rose,
Tod und Apotheose.

Wenn es tagt

Was alles habe ich nicht gesagt,
was zu sagen gewesen wäre!
Jetzt erwarte ich, wenn es tagt,
des Todes Chimäre.

Ich habe vieles zu sagen nicht gewagt.
Das ist eine Schwäre,
die an meiner Seele nagt!
Jetzt erwarte ich, Gott sei's geklagt,
Charons Fähre.

Charon

Charon, stummer Ferge,
wann löst du den Kahn?
Bist des Todes Scherge,
bist ihm untertan.

Nicht zum Vorwurf machen
will ich dir dein Tun.
Wann flößt du im Nachen
mich nach Avalun?

Schmerzlos

So schmerzlos hingehn wie die Traube,
aus der man keltert roten Wein,
so wie entblättert sich die Laube,
wie Regen trocknet auf dem Stein,

wie in der Hand zerstäubt der Falter!
Nur goldner Flitter bleibt zurück!
So schmerzlos ende auch das Alter,
verhauchend schmerzlos wie das Glück!

Die weisse Taube

Und ich fürchte nicht das Ende,
wenn es naht mit Taubenflügeln.
Nicht den Todesengel sende,
wolle seinen Flug, Herr, zügeln!

Eine Taube seh ich schweben,
weiße, über irdschen Hügeln,
die emporträgt sanft mein Leben,
himmelwärts, mit Geistes Flügeln.

Zwischendrin

Heute noch steigt er ins Bett.
Morgen ist er ein Skelett.

Doch daß ich es richtig sage:
Zwischendrin noch ein paar Tage,

die das Fleisch zum Faulen hat.
Dann die Würmer werden satt.

Staub

Der Leib, noch unverklärt,
durchirrt das Erdenleben,
das grob ihm widerfährt.
Sein Staub wird sich erheben,

entseelt, vom Sein versehrt,
wird durch das Weltall schweben,
wo Staub zu Staub sich mehrt,
sich ballt zu neuem Leben.

Lob des Windes

Wenn ich zu Staub vergehe …
Friedrich Schnack

Wenn ich zu Staub vergehe,
wie werd ich glücklich sein!
Zu Staub wird alles Wehe
und alle Erdenpein.

Der Nachttau netzt die Gräser.
Es schweigt das Nachtgebet.
Ich lob den Wind, den Bläser,
der meinen Staub verweht.

Die Antwort

Woher du kommst, wohin du gehst,
vergeblich ist's, sich abzuplagen!
Du bist nur Staub, und du verwehst,
das ist die Antwort auf dein Fragen!

Der Staub von Milliarden hat
seit Urzeit sich gehäuft zu Bergen,
noch höher als der Ararat,
der Staub von Opfern und von Schergen.

Mit dir die Welt wird untergehn,
und keine Arche wird dich tragen.
Das Meer wird dir zu Munde stehn.
Das ist die Antwort auf dein Fragen.

Hast du ins Gras gebissen

Wen alles wird man vermissen?
Karl Krolow

Wen alles wird man vermissen?
Den Dichter wohl nicht!
Wie der Duft von Melissen
verflüchtigt sich sein Gedicht!

Du weinst in die Kissen
und weißt nicht warum.
Vielleicht hast du ein schlechtes Gewissen,
oder es geht dir ein Wort im Kopf herum,

das du gesprochen beflissen.
Der Mond bescheint dein Gesicht.
Er wird dich nicht vermissen,
so wichtig bist du nicht!

Hast du ins Gras gebissen,
bleibt dir ein Büschel im Mund.
Auch das wird dich nicht vermissen,
nimmst du's auch mit in den Grund!

Schollen

... über uns fallen die Schollen ...
Gottfried Benn

Über uns fallen die Schollen,
poltern nur so auf den Sarg.
Wie wir da durchschlafen sollen,
tönt's in der Truhe so arg!

Sind dann zerfallen die Schollen,
störn sie uns nicht mehr im Sarg.
Ob wir noch aufstehen wollen,
wenn uns die Erde sanft barg?

Die Trauerweide

In der altvertrauten Erde
werd ich liegen ohn Beschwerde,
wird mein Staub die Weide nähren,
die ihn tränkt mit ihren Zähren.

Einmal wird er aufbegehren,
sich nach neuem Sein verzehren.
Einmal wird mein Staub obsiegen,
sich als Zweig im Nachtwind wiegen.

Die höchste Lust

... Wie kann ich ruhn,
wenn du so schlecht gebettet bist?
Isolde Kurz

So schlecht gebettet bist du nicht
im Arm der mütterlichen Erde!
Wo sonst an nichts es dir gebricht,
darfst ruhen ohn Beschwerde!

Daß nie der mütterlichen Brust
entrisse dich der Jüngste Tag!
An ihr zu ruhn die höchste Lust,
die nie ein Eden bieten mag!

Schönwetterbot

Der blaue Ehrenpreis
bewacht im Abendschein
die ruhen unterm Stein.

Ich hör ihr Atmen leis.
Die Toten sind nicht tot.
Ich wähn ihr Wangenrot,

ein Hauch, im Abendrot –
als ob es uns verheiß
ewigs Schönwetterbot.

An einem Massengrab

Ein großes Wort verstummt im Mund
beim Anblick dieser Gräberreihe.
Nichts störe ihrer Stille Weihe!
Hör, was der Ehrenpreis tut kund!

Er kündet statt der Toten Mund,
daß sie den Lebenden verzeihen.
Bereite dich, dich einzureihen
in der Verstummten ewgen Bund!

Panta rhei

... des Wassers Heiterkeit ...
Rainer Maria Rilke

Des Wassers Heiterkeit,
wird sie den Durst mir stillen,
den Durst nach Seligkeit,
zu fließen aus der Zeit,
um ewgen Fließens willen?

Denn alles fließt, das Blut;
es fließen Körpersäfte,
die schwellen an zur Flut,
die steigt und nimmer ruht:
Mich tragen Urstroms Kräfte!

Skepsis

Wir alle sind betroffen
von der Unendlichkeit.
Wir alle aber hoffen,
daß sie beglückt, befreit.

Doch wenn sie uns entrechtet,
versagt die Seligkeit,
im Paradies uns knechtet
für alle Ewigkeit?

Entartet

Wissen ist Licht, Unwissen Finsternis.
Anton Tschechow, Die Steppe

Die Tiere wissen nicht,
daß sie sterblich sind.
Was hilft uns Menschen das Licht,
wir sind dennoch blind!

Wir wissen nicht,
ob uns ewiges Licht
oder ewige Finsternis erwartet!

Das unwissende Tier
ist glücklicher als wir,
die wir durch Wissen entartet!

Die Goldene Stadt

Werd das Ufer ich gewinnen?
Schon scheint es zum Greifen nah.
Eine Stadt mit goldnen Zinnen,
wie noch nie ich eine sah.

Wolken öffnen sich wie Tore,
hinter denen ewges Blau.
Auf des Wolkendoms Empore
Zimbeln ich und Gamben schau.

Kommt ein Flügelschlag gestrichen,
wird's der Todesengel sein.
Alle Angst von mir gewichen,
tret ich in die Pforte ein.

Das andere Verlies

Im Raubtierkäfig Erde,
da tappst du hin und her.
Daß dir Befreiung werde,
wer fänd sich, wer?

Und öffnete das Gitter
sich dir zum Paradies,
es wäre nur, wie bitter,
ein anderes Verlies!

Neues Wachstum

Verwandle dich und werde leicht …
Wilhelm Lehmann

Verwandle dich und werde leicht
wie abgeblühter Löwenzahn!
Und endigt deine Lebensbahn,
sei Samen, der sein Ziel erreicht,

die Erde, die ihn nährt und hegt,
auf daß aus ihm ein Neues sprießt
und Saft in Stengeln, Adern fließt,
zu neuem Wachstum angeregt!

Der Sterne Asphodelenau

Den Kelch des Lebens bis zum Rand
zu leeren, ist uns zugewiesen,
und doch, uns dürstet nach dem Land,
in dem die Asphodelen sprießen.

Der Sterne Asphodelenau,
uns sichtbar nach des Schöpfers Willen,
sie wird den Durst mit ihrem Tau
in alle Ewigkeit uns stillen!

Die Seele I

Wo wird die Seele sein,
wenn sie dem Körper entflohn?
Geht sie in den Lufthauch ein?
Ist sie Atem,
der den Leib belebte?
Etwas Atmosphärisches
haftet der Seele an,
etwas Sylphidisches,
das leichthin entschwebte.

Die Seele II

Wohin die Seele uns entflieht,
und wo sie endlich Ruhe findet,
ob mit dem Mandelduft sie zieht,
empor sich mit der Winde windet,

daß sie dem Himmel näher sei,
wir aber können es nicht wissen.
Der Leib, von seiner Seele frei,
wenn er zerfällt, wird er sie missen?

Wie lang soll seelenlos er sein,
der Staub, um Auferstehung bangen?
Wer haucht ihm neu die Seele ein?
Wird sie nach ihm zurückverlangen?

Trostaria

Die Blumen blühen dir zum Trost.
Die Vögel singen dir zur Freud.
Ist's nicht, als ob der Wasserdost
zum Trost dir seinen Duft vergeud?

Die Sonne spendet dir ihr Licht
zur Tröstung für den Albtraum Nacht.
Zum Trost, wenn dir das Auge bricht,
die Königskerze hält dir Wacht.

Die Hummeln summen dir das Amt.
So tröstlich klingt kein Engelchor!
Und tröste dich, die Sel'gen allesamt
geleiten dich zu sich empor!

Daheim

Der Schwarm von wilden Bienen
nimmt seine Seele mit.
Hugo von Hofmannsthal

Der Schwarm von wilden Bienen
nimmt seine Seele mit.
Dorthin fliegt sie mit ihnen,
wo nie noch einer litt,

wo prall die Himmelswabe
voll goldnem Honigseim,
der Seele eine Labe,
wo endlich sie daheim.

Die Seele weiss

O Trugbild der Unsterblichkeit.
Gottfried Keller

Soll's ein Trugbild sein,
was ich mir erhoffe?
Sind nicht Fleisch und Bein
aus besondrem Stoffe,

nicht erschaffen wohl,
schmählich zu zerstäuben
wie der Parasol!
Mag der Sinn sich sträuben,

doch die Seele weiß
um ihr ewges Leben,
daß der Leib sich leis
auch werd sich erheben.

Die Wandlung

Nicht elfenbeinern und kein Turm
der Leib, der hin zur Erde schwärt,
den Efeu, die Zypresse nährt,
den Tausendfüßler und den Wurm.

So aufersteht und formt sich neu
des Leibes Hülle immerfort.
Ihm bleiben nach der Wandlung treu
der Sinn, die Seele und das Wort.

Land des Lichts

Aus dem Nachtland sterben
wir ins Land des Lichts.
Unsres Lebens Scherben
dort zerschelln zu nichts.

Wir, der Sünde Erben,
heitren Angesichts
Seligkeit erwerben
in dem Land des Lichts.

Metamorphose

Geht die Seele auf die Reise,
Zunge wird zum Lattichblatt,
daß es fürder preise,
was die Zunge nicht gepriesen hat:

Unsres Lebens Gnade
und der Erde Herrlichkeit,
roten Mohn und blaue Rade,
die verheißne Seligkeit.

Jener Tag

Tag, der den Sommer endet.
Gottfried Benn

Tag, der die Jugend endet,
an dem der Kampf beginnt,
das Schwert die Augen blendet,
das Blut aus Wunden rinnt.

Tag, der den Sommer endet,
an dem die Zeit beginnt,
da seinen Gruß uns sendet,
der uns nicht wohlgesinnt.

Tag, der das Leben endet,
an dem ein neus beginnt,
die Seele ab sich wendet,
Unsterblichkeit gewinnt.

Unsterblichkeit

Du sagst »Unsterblichkeit«
mit unbedachtem Mund.
Den schließt dir bald die Zeit.
Es tut kein Gott dir kund,
ob du einst auferstehst
zu einem ewgen Sein,
wenn langsam du verwest
tief unterm Leichenstein.

Hoffnung auf Unsterblichkeit

Warum wohl weint der Morgentau?
Weil alles Schöne muß vergehn?
Ein Bild der Schönheit ist der Pfau,
schlägt er sein Rad, schön anzusehn.

Sein Rad der Abendröte gleicht,
die alles glutrot überhaucht,
doch dann dem Schein des Mondes weicht,
der fahl die Welt in Moder taucht –

ein Abbild der Vergänglichkeit,
die haftet allem Schönen an.
Die Morgenröte, ach, ist weit,
doch bricht unsterblich sie sich Bahn!

Surrogat der Unsterblichkeit

Bin ich denn feige, wenn ich hoffe,
als Gras, als Baum weiterleben zu dürfen?
Sind diese nicht aus den gleichen Stoffen
wie ich, und die denselben Erdensaft schlürfen?

Unterliege ich nicht derselben Metamorphose
wie alle Wesen und Dinge!
Ich lebe weiter als Rose
wie alle anderen Feiglinge!

Kühn

Ich nehm's gelassen hin,
daß ich vergänglich bin.
Ich werde auferstehen!
Ich seh es an den Schlehen,

die jeden Mai erblühn.
Ich aber bin so kühn,
wenn Bäume sich belauben,
ans Auferstehn zu glauben!

Gelassen

Wo ende ich?
Else Lasker-Schüler

Wo ende ich? Ich weiß es nicht!
Wo soll es sein, das Drüben?
Was soll mich denn betrüben!
Ich schreib zu Ende mein Gedicht,

und wenn ich meine Augen schließ,
es wird mich überleben!
Ich werd aus meinem Erdverlies
wohl niemals mich erheben!

Traum

ist mir mîn leben getroumet oder ist ez wâr?
Walther von der Vogelweide

Mich dünkt, ich träum mein Leben
und träum, sein Ende auch sei Traum,
seh mich als Blatt am Lebensbaum
bei jedem Windhauch beben.

Ich seh als Blatt mich schweben
bis an des hohen Himmels Saum.
Ich weiß nicht, endigt dort mein Traum.
Beginnt ein neues Leben?

Ewiges Schweigen

Kühl weht die Ewigkeit.
Ricarda Huch

Kühl weht die Ewigkeit.
Mich fröstelt leis.
Mir schwindet die Heiterkeit.
Auf meine Stirne tritt Schweiß.

Ich fürchte die Unendlichkeit,
das ewige Eis,
und daß es Schweigen schneit,
ewiges Schweigen im Paradeis.

Totenwache

Im Grab die Toten atmen hört
der Abendwind, der still verhofft,
daß er mit seinem Hauch nicht stört.
Doch auch Gebete stören oft.

Der Gott zieht seine Hand zurück,
die Toten nicht zu wecken.
Die Auferstehung wär kein Glück,
sie würde nur erschrecken.

Die Drohung

Unterm Wurzelwerk der Weide,
die seit alten Zeiten trauert,
tut dir keiner was zuleide,
auch wie lang dein Liegen dauert!

Doch es droht die Auferstehung!
Staub muß sich zu Fleisch neu fügen!
Harmlos wär des Staubs Verwehung,
den ins Nichts die Winde trügen!

Auferstehung I

Das Herz, ein Samenkorn,
wird's keimen in der Erde?
So wie am Rosendorn
die Rose aufblühn werde,

erwächst ein neues Sein
aus unsren Herzens Samen,
durchbricht der Keim den Stein,
erblüht ins ewge Amen?

Auferstehung II

Zu ungewisser Stund
wir werden auferstehn.
Noch Erde füllt den Mund,
doch diese wird verwehn.

Er wird voll Lachens sein
und voller Lob dem Herrn,
der uns zu sich lädt ein
auf seinen fernsten Stern.

Inhalt